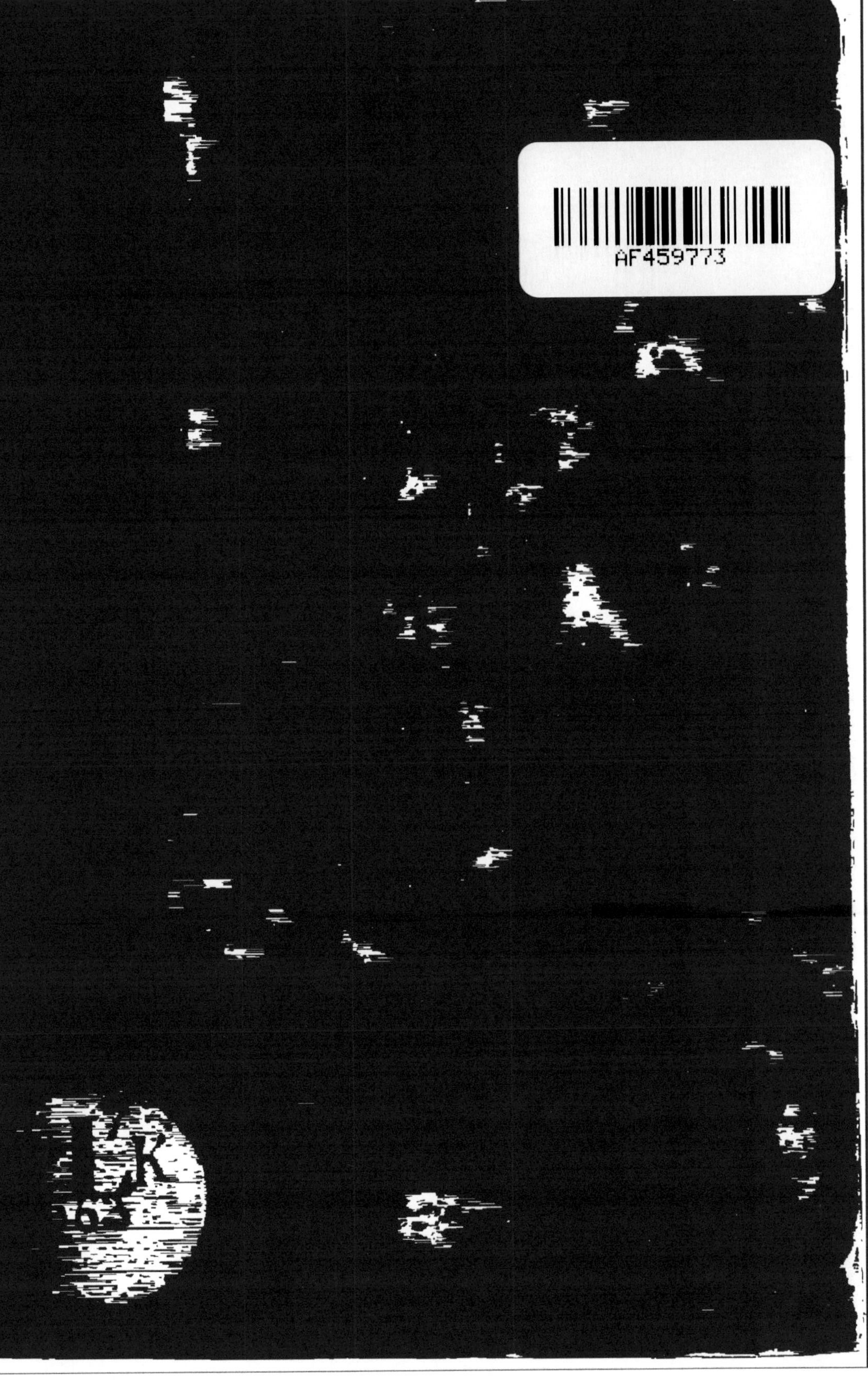

VIE
DE SAINTE ANNE.

VIE
DE
SAINTE ANNE,

IGNORÉE JUSQU'A CE JOUR.

SAINTE-ANNE D'AURAY,

SES MIRACLES,

Souvenirs historiques et Curiosités du pays.

VANNES.

IMPRIMERIE DE N. DE LAMARZELLE.

1848.

ERRATA.

Page 9, ligne 8, au lieu de 3040, *lisez :* 3940.

Page 37, ligne 7; au lieu de soixante-seize ans plus tard, *lisez :* quatre-vingt-cinq ans.

L'auteur.

Malgré les nombreux miracles attribués à sainte Anne d'Auray, malgré la foule d'étrangers qui viennent de toute part rendre hommage à la Sainte la plus en renom depuis deux siècles, l'auteur de ce livre, tant soit peu sceptique, attribuait à la nature, à l'art médical, ou à une grande énergie, les différentes grâces qu'accordait et qu'accorde encore l'aïeule de Jésus-Christ.

Le témoignage de l'auteur doit en cette circonstance avoir d'autant plus de poids qu'il confesse avoir été bien long-temps incrédule. Lorsqu'un homme s'accuse bénévolement d'un tort, il faut, on le sait, qu'il en soit pénétré, pour que l'amour-propre ne l'empêche pas de faire un aveu dont son orgueil doit nécessairement souffrir. C'est malheureusement trop vrai, de nos jours, une sainte croyance attire souvent, de la part de bien des gens, le ridicule et quelquefois le mépris.

Fort comme tous les hommes qui jouissent d'une santé robuste et d'un bonheur parfait, il n'ajoutait pas foi aux différens récits que lui faisaient des personnes miraculeusement sauvées, l'une de l'infortune, l'autre du trépas; mais plus tard, faible comme le sont tous les humains, lorsqu'ils voient l'éternité prête à s'ouvrir pour eux, l'auteur a refléchi aux misères et à la faiblesse humaine, et a senti, comme tout homme dont le glas de la mort va sonner, qu'il est encore quelque chose au-delà de la tombe.

Un jour que je travaillais dans le bois, occupé à abattre un chêne au tronc gros et dur, ma hache, qui avait été aiguisée le matin même, glisse sur l'écorce, m'atteint à la jambe et pénètre jusqu'à l'os, qu'elle effleure légèrement; la douleur cruelle que je ressentis m'arracha un cri.

Deux personnes qui passaient en ce moment, accoururent et me prodiguèrent des soins. Zèle inutile, secours impuissans!! la blessure était tellement large et profonde que la mort était inévitable, si un Saint ne venait à mon aide. Les deux voyageurs le comprenaient comme moi et demeuraient attérés ; mais tout-à-coup une idée semble les frapper, ils étendent leurs mains jointes, tournent vers le ciel leurs regards supplians, et s'écrient d'une voix pénétrée : « Oh! sainte Anne, sainte Anne! sauvez ce malheureux. » Je répétai machinalement cette invocation. A peine ces mots furent-ils prononcés que le sang qui coulait à flots, s'arrêta tout-à-coup. La bouche béante de la plaie permettait de voir tout le mal qu'avait fait l'acier, l'os était à découvert, on voyait de tous côtés des nerfs déchirés, des veines entièrement coupées où apparaissaient quelques gouttelettes d'un sang noir qui cherchaient à s'échapper; mais elles demeuraient fixées, une voix puissante avait dit aux souffrances de cesser, au sang de se glacer.

Voilà le miracle qui de sceptique m'a fait croyant; voilà la grâce que m'a accordée sainte Anne et qui fait que je lui voue la vie qu'elle m'a sauvée.

J'ai raconté ce bienfait pour prouver combien, pauvres humains, nous sommes vaniteux dans notre faiblesse: si nous nous croyons en sécurité, nous sommes prêts à douter qu'il existe au-dessus de nous un être puissant et fort qui récompense et châtie.

Ce miracle que sainte Anne a fait pour moi, pauvre être sot et ignorant qui ne l'ai implorée que lorsque le danger de mort planait sur ma tête, ce miracle, je le sais, est dû aux vœux des deux âmes saintes, et non à moi, pécheur, qui n'avais aucun droit à faire valoir pour m'attirer l'indulgence divine. Oh! vous tous qui me lisez, implorez la Sainte qui répand ses grâces aussi bien sur la modeste chaumière que sur le riche palais: pour elle, il n'est pas de rang, pas de position, sa main bienfaitrice ne s'étend que sur les justes. N'attendez pas pour croire qu'elle fasse un miracle en votre faveur ; elle en a fait assez pour que le doute ne puisse plus vous pénétrer au cœur, et que vous soyez assez forts pour éviter des plaisirs mondains qui apportent avec eux le dégoût et le remords. Etouffez donc sans retard l'orgueil, ce vice abominable que suscite l'enfer pour nous perdre à jamais. Oh! puisse ma faible voix se faire entendre, puisse-t-elle faire comprendre et sentir!

Je vous l'ai dit, sot et ignorant, je ne devais jamais penser que ma plume inhabile tenterait de convertir le méchant et d'affermir dans ses croyances le juste dont la Providence veut éprouver la foi.

Cette œuvre, que les critiques littéraires blâmeront avec raison, et que les sceptiques traiteront de fable faite à plaisir, m'a été inspirée, je n'en doute pas, par sainte Anne, qui veut peut-être se servir de moi pour faire espérer le malheureux humble, et trembler le puissant orgueilleux et impie.

Ma plume qui n'a jamais su que tracer avec peine des caractères informes dont moi-même j'avais peine à déchiffrer le sens, entreprend d'écrire la vie de ma protectrice, et cette plume, ordinairement si rebelle, obéit à ma pensée, jadis plus rebelle encore; elle court, elle vole.

VIE
DE SAINTE ANNE D'AURAY,
SES MIRACLES,
Souvenirs historiques et Curiosités du pays.

Famille de Sainte Anne.

Au pied du mont Carmel dont le sommet fend les nues, s'étendait, l'an 3040, une vallée d'assez grande étendue. Cette vallée, toujours verte et émaillée de mille fleurs naissantes, était arrosée par un ruisseau dont les eaux d'un blanc d'argent serpentaient en tous sens et conservaient au gazon sa verte fraîcheur, aux amaranthes et aux violettes leur éclat printanier. De vastes champs d'orangers couverts encore de leurs fleurs blanches auxquelles se mêlaient quelques pommes d'or, des haies d'épine rose et blanche, où le grenadier étalait avec orgueil ses bouquets d'un pourpre étincelant, faisaient de ces beaux lieux un séjour enchanté.

Tous les habitans de la vallée étaient heureux, ils devaient la tranquillité de l'âme et le bien-être physique à un de ces justes choisis par le ciel pour venir en aide au malheur. Cet homme avait nom Machan; il professait toutes les vertus qu'inspire une religion sincère et profonde, et mettait en pratique toutes les maximes que Jésus-Christ devait plus tard nous dicter dans sa sublime doctrine.

Cet homme était l'élu de Dieu, il devait donner le jour à la plus grande des Saintes, à sainte Anne, la mère de Marie.

La femme de Machan était comme lui d'une douceur angélique. Elle passait sa vie, ou dans les temples à prier pour les pervers, ou chez elle à travailler pour les indigents ; elle portait secours aux malades et ne craignait pas de s'approcher du lépreux, à qui elle prodiguait des consolations pour l'âme, des médicamens pour le corps déchiré et couvert d'une écume dégoûtante qui pouvait, en la touchant, lui communiquer ces tortures horribles qui ont fait considérer ceux qui en étaient atteints comme des réprouvés, des maudits. Pour que le bonheur de Machan fût parfait, il lui manquait seulement un enfant qu'il eût voulu, comme lui, dévouer à l'humanité souffrante, et qui eût pu le remplacer près de ses pauvres lorsque Dieu voudrait le rappeler à lui.

Que de ferventes prières ces deux justes avaient adressées à Dieu pour obtenir cet enfant tant désiré! Il y avait vingt ans qu'ils étaient mariés, et le ciel s'était toujours refusé à leurs vœux. Bien qu'ils commençassent à désespérer, ils ne faisaient entendre aucune plainte et se résignaient, en disant comme le Juste le dit plus tard au Jardin des Olives : Mon Dieu, que votre sainte volonté soit faite. Enfin, au bout de vingt et un ans de déception et d'espoir, Dieu parut touché de leurs prières et leur accorda ce qu'ils avaient tant de fois demandé avec des larmes. Un jour que la femme de Machan s'était rendue en toute hâte à la demeure d'un pauvre, elle eut l'idée de monter sur le Carmel pour admirer le magnifique panorama qui se déroule aux yeux du voyageur émerveillé. Arrivée sur la cime, elle se couche sur un épais gazon et s'endort d'un profond sommeil ; mais bientôt elle s'éveille en sursaut, porte de tous côtés ses regards effrayés. Elle est seule, bien seule, pas un nuage n'obscurcit un ciel d'or et d'azur, le soleil, pur comme il ne l'a jamais été, dore de ses rayons la vallée fleurie, et fait ressembler les eaux jaillissantes du ruisseau à des myriades de pierres précieuses : tout est calme et silencieux ; une brise tiède et embaumée lui apporte les parfums de la vallée. Le bruit qu'elle a cru entendre et qui l'a éveillée, n'est donc que dans son imagination, elle se couche et se rendort ; mais à peine ses paupières se sont-elles abaissées que le même bruit se fait entendre de nouveau. Le ciel est pur, et cependant le tonnerre gronde avec fracas, un bruit sourd se fait entendre dans la montagne et semble vouloir en déchirer les vastes flancs. Pleine de terreur, elle veut fuir ces lieux menaçans; mais elle est arrêtée par une voix qui part d'en-haut et lui dit : Ne crains rien, femme Machan, ne crains rien. Elle s'arrête aussitôt, voit un nuage lumineux se former lentement, puis se détacher de la voûte azurée. Cette nuée, d'où est partie la voix céleste qui l'a empêchée de fuir, descend majestueusement et s'arrête devant elle.

La femme de Machan n'a plus peur ; mais elle sent aux battemens de son cœur, à une joie indicible aussi bien qu'inexplicable, qu'un moment suprême s'approche pour elle. La voix de Dieu s'est fait entendre, qu'y a-t-il à redouter ? Elle se jette à genoux et se met à prier. La même voix reprit encore : Femme Machan,

Dieu, touché de vos vertus, consent enfin à vous accorder un enfant ; apprenez-lui toutes vos vertus, et sachez le rendre digne de la mission que le Tout-Puissant veut lui faire remplir. Le nuage s'éleva et disparut bientôt à ses yeux. La femme Machan courut chez elle, et apprit à son mari la vision qu'elle avait eue.

Tous deux s'agenouillèrent, et versant des larmes de bonheur, ils rendirent grâces au Créateur, qui allait accéder à leurs vœux.

Naissance.

Neuf mois se sont écoulés depuis qu'un Ange a appris à la femme de Machan que bientôt elle deviendrait mère. Le temps est mauvais ; la pluie, qui tombe fine et épaisse, paraît glacée sous ce climat de feu. Malgré le froid et la pluie, on voit de toute part accourir femmes, vieillards et enfans : toute cette foule qui se presse, se dirige vers une petite maison de Bethléem, personne ne demande à entrer. Tous, la tête découverte, et presque tous agenouillés, paraissent insensibles au froid et à l'humidité ; l'oreille avide, inquiète, ils recueillent le moindre bruit qui se fait dans la maisonnette, et semblent tous en proie à la plus vive anxiété : partout cependant règne un religieux silence. Qui donc peut ainsi attirer une foule de malheureux auxquels se mêlent des personnes fortunées qui paraissent en ce moment éprouver les mêmes inquiétudes que les pauvres? C'est que la vertu est chère à tous, et qu'en ce moment on tremble pour les jours d'une personne bonne et vertueuse. Ici, pleure un pauvre à qui ses soins ont sauvé la vie; là, gémit un heureux de la terre dont elle a éclairé la conscience, et qui plus tard lui devra son salut. Si parfois quelques-uns des assistans échangent des paroles à voix basse, c'est pour faire connaître un nouveau bienfait de la femme pour laquelle ils prient.

Cette femme qui soulève tant de sympathie, qui mérite tant d'affection, est la femme de Machan. Le bruit s'est répandu de toute part que les premières douleurs de l'enfantement se sont fait ressentir chez cette juste, qui, depuis vingt-deux ans, est demeurée stérile. Son âge avancé fait craindre pour sa vie, et une population entière vient prier le ciel de lui conserver sa protectrice, son ange tutélaire; ce bruit répandu on ne sait comment, et qu'a accueilli avec joie en même temps qu'avec crainte tout ce peuple, qui sait que la femme qu'ils aimaient va voir accomplir son vœu le plus cher ; ce bruit se trouve être faux, la femme de Machan a vu un Ange du Seigneur, qui est venu lui annoncer son accouchement et les destinées de sa fille ; mais elle n'a ressenti aucune douleur, et cependant elle sait qu'elle va mettre au monde la Mère du Seigneur. Cet accouchement que tout le monde et qu'elle-même, malgré sa grande piété, ne peut s'empêcher de redouter, s'est fait sans la moindre souffrance. Pendant le travail, la mère n'a cessé de chanter les louanges de Dieu, et le remercie mille fois en voyant sa fille dont le front est couronné d'une auréole de gloire.

L'enfant en naissant n'a pas poussé un cri, ses petites mains étaient jointes, ses jambes étaient pliées comme lorsqu'on s'agenouille pour prier. Machan sort de sa maison, montre sa fille, et, d'après l'ordre de l'Ange, la nomme Anna. Un cri de bonheur et de joie s'élève de toute part; cette foule, quelques instans avant morne et silencieuse, devient gaie et bruyante; mais aussitôt que ces premiers accès sont passés, elle s'agenouille, et, d'une voix unanime, entonne un cantique pour remercier la Providence qui n'oublie jamais ses fidèles serviteurs, et sait toujours les récompenser à temps.

Anne enfant.

La jeune Anne croissait chaque jour en grâces et en vertus. Guidée par une mère aimante qui lui inculquait l'amour de tout ce qui était beau, la jeune enfant promit d'être ce qu'elle devait être un jour.

Anne était frêle et délicate, mais il y avait en elle un air de force et de santé qui éloignait toute crainte. Anne avait atteint l'âge de sept ans, elle était d'une beauté remarquable ; sa ravissante figure, d'un blanc d'albâtre, encadrée de longs cheveux blonds, était mobile et expressive ; ses grands yeux d'un bleu céleste révélaient toute la pureté d'un ange.

Dès ses plus tendres années, elle se montra bonne et charitable. Adulée par toutes les personnes qui visitaient ses parens, elle semblait ignorer sa beauté et les charmes de son esprit. Elle ne ressemblait en rien aux autres enfans, d'ordinaire gais et rieurs; grave et sérieuse, elle paraissait toujours occupée de choses que comportent peu les goûts de son âge. Au récit d'une belle action, sa figure céleste s'animait et peignait en traits de feu tous les beaux sentimens que contenait cette organisation forte qui devait un jour accorder des grâces que, jusqu'alors, on n'avait demandé qu'à Dieu.

Si on racontait quelques malheurs, son front, d'un blanc si pur, se couvrait d'un nuage, et ses grands yeux bleus se voilaient de larmes ; elle s'informait quelle était et où demeurait la personne que le sort avait frappée, et s'y rendait aussitôt. Elle prodiguait avec un art infini ces consolations que si peu de personnes savent apporter à la souffrance. Quand Anne parlait des béatitudes que nous promet le ciel, sa voix si pure, si mélodieuse prenait un accent profond qui entraînait et séduisait, sa figure s'illuminait d'un éclat divin ; elle paraissait inspirée.

Quelques traits de bonté de la mère future de la Vierge caractériseront mieux cette Sainte dont nous devons chaque jour prononcer le nom dans nos prières. Près de la maison de Machan, habitait une famille bonne et charitable où il était permis à Anne d'aller jouer avec une petite fille d'à peu près son âge. Anne et Marie s'aimaient de cet amour que n'a pas encore altéré le désir de plaire. Marie fut atteinte d'une maladie grave qui fit craindre pour ses jours. Tout le temps que dura le danger, Anne demeura auprès de son amie. Tout ce qu'on lui disait du danger qu'elle courait à soigner une personne atteinte d'une maladie contagieuse, demeura sans résultat ; toutes les exhortations pour l'engager à prendre quelques instans de repos, ne purent la faire fléchir ; elle sentait déjà que sa mission était de secourir l'être faible et souffrant, et répondait toujours avec une fermeté qui étonnait les personnes présentes. Non, cette maladie ne saurait m'atteindre, Dieu ne veut pas que je meure avant que j'aie fait ce à quoi il me destine. Avait-elle déjà le don de prévoir? Après un mois d'horribles souffrances, Marie fut rendue à la santé ; mais, à son grand regret, elle vit tomber tous ses cheveux noirs que chacun admirait. Lorsqu'elle fut rétablie, les amis de sa famille, ses parens même se moquaient d'elle ; en effet, avec sa tête nue, elle était horrible à voir. Anne, dont on admirait au contraire les longues boucles dorées, s'aperçut que sa compagne souffrait de ces plaisanteries et voyait avec regret admirer celle que la petite vérole n'avait pas atteinte. Anne, de retour chez elle, sans rien dire à personne, prend des ciseaux et coupe sa chevelure longue et soyeuse qui lui a valu tant de complimens. Machan entra au moment où sa fille avait la tête presque rasée, il poussa un cri d'étonnement et essaya quelques paroles sévères; mais Anne s'approcha de son père, et, ses yeux si doux tournés vers lui comme pour demander un pardon, elle lui dit avec une simplicité touchante : Marie en était jalouse.

Machan ne put résister à tant de bonté, des larmes de joie humectèrent ses paupières. Malgré son attendrissement, voulant voir jusqu'où poupouvait aller le dévouement de cette enfant, il lui présenta un petit miroir. A peine Anne s'est-elle vue, qu'elle s'écrie en sautant : Que je suis heureuse! maintenant je suis bien plus laide que Marie.

Charité de Sainte Anne.

Anne, à un esprit pénétrant, joignait une instruction assez grande ; elle ne pouvait douter de sa supériorité sur ses compagnes, et jamais un mot ne put faire croire qu'elle la connaissait. Anne était de race royale, elle le savait, mais ne voulait se le rappeler que pour accomplir les devoirs qu'impose une noble origine, elle avait pour le pauvre et l'homme de basse extraction toutes les attentions, tous les égards qu'elle aurait eus pour une personne de son rang.

A cette qualité, Anne unissait encore la charité ; jamais elle ne se montrait sourde à la prière, insensible au malheur.

Un jour qu'elle était sortie avec son père et sa mère pour se promener aux environs de la ville, et qu'elle s'amusait à faire un bouquet de fleurs sauvages dont la route était bordée, elle s'aperçut que Machan était bien loin devant ; elle se disposait à courir pour le rejoindre aussitôt, lorsqu'une petite fille de huit à dix ans, chétive et maladive, se présenta à sa vue. Cette pauvre enfant se traînait avec peine, ses pieds sans chaussures étaient déchirés par les pierres brûlantes qui hérissaient le chemin. Arrivée en face d'Anne, ses forces la trahissent, et elle tombe en poussant des cris de douleur. Anne vole à son aide, et à la vue de ses pieds tout saignans, ne peut retenir ses larmes.

Mais, Qui donc vous oblige à marcher ainsi, s'écrie Anne, en essuyant le sang et la poussière? Hélas! ma bonne demoiselle, répondit la pauvre enfant, si vous voulez m'être utile, courez vite à la ville, mon pauvre père se meurt en ce moment. La petite fille ne peut continuer, sa voix est étouffée par les sanglots; mais au souvenir de son père, l'enfant se relève et veut continuer sa route. Anne, tout en l'arrêtant, se baisse, détache ses sandales et les tend à l'enfant qui, à chaque pas qu'elle fait, ne peut étouffer un cri. Prenez, lui dit Anne, prenez, rien ne me presse, moi, et en marchant doucement, je n'aurai pas à souffrir. Mais à peine ses sandales sont passées aux pieds de l'infortunée, qu'elle songe à sa mère ; bien souvent elles ont été toutes les deux visiter des malades qui la bénissaient pour les avoir sauvés d'une mort certaine.

Venez avec moi, venez, s'écrie Anne, en prenant l'enfant par la main qu'elle traîne après elle. Toutes les deux eurent bientôt rejoint Machan qui s'était arrêté pour les attendre. Il se rendit avec les enfans à peu de distance de là, à une chaumière où un pauvre malade gisait sur le sol et baignait dans son sang. La blessure de l'ouvrier se trouva bien moins grave qu'on l'avait pensé d'abord. La femme de Machan, après avoir étanché le sang, mit sur la plaie une herbe qui le guérit au bout de quelques jours.

Anne était en ce moment comme se trouvait quelques instans avant la fille de l'ouvrier ; les pieds meurtris et déchirés, elle souffrait horriblement, mais rien, si ce n'est sa pâleur, n'indiquait ses souffrances.

Lorsque le traitement du malade fut achevé, Machan et sa femme se disposèrent à partir en promettant de revenir le lendemain.

Oh! encore un instant, dit Anne, d'une voix suppliante! Et pourquoi?

lui demanda son père, dont le regard s'abaissa et aperçut sur les chausses de sa fille quelques taches rougeâtres. Qu'avez vous aux pieds, lui demanda-t-il, d'un ton plein d'inquiétude ? Oh ! ce n'est rien, répondit l'enfant en s'efforçant de sourire, et, désignant la petite malheureuse aux pieds de laquelle étaient ses sandales, elle ajouta avec un ton qu'il est impossible de rendre : elle souffrait !

Ces quelques paroles révèlent toute la beauté de cette âme. Machan et sa femme la pressent dans leurs bras, la couvrent de baisers et de larmes. Oh ! ce sont de douces larmes que celles qu'ils versent en ce moment! c'est l'attendrissement, c'est le bonheur qui les fait couler. Ils sont fiers de cette enfant qui, déjà si jeune, les dépasse en vertus.

Oui, soyez fiers de votre enfant, elle sera bientôt digne des faveurs que Dieu lui réserve, et saura accomplir la mission qu'il lui prépare.

Humilité de Sainte Anne.

Anne, en grandissant, découvrait chaque jour, une vertu nouvelle. Aussi, quand nous l'implorons, demandons-lui la force de l'imiter. Jamais la moindre faiblesse n'a taché sa vie si belle, jamais la moindre faute n'a terni instantanément l'éclat de sa couronne.

A la bonté et à la générosité dont nous avons donné un exemple, elle unissait encore l'humilité, la plus belle comme la plus rare des vertus.

Oh! je vous le répète, prions-la, prions-la sans relâche, elle ne nous refusera pas une de ces vertus qu'elle possédait toutes.

Machan, appelé par des affaires à Jérusalem, y conduisit sa fille ; il voulut lui faire connaître cette grande ville qu'il devait bientôt toujours habiter et qui devait, soixante-seize ans plus tard, devenir le tombeau du Sauveur du monde.

Un jour que Machan parcourait la ville, en expliquant à sa fille ce que renfermait de plus curieux la Cité sainte, il aperçut assez loin dans la rue deux hommes qui se battaient ; il courut pour mettre fin à un combat qui commençait à devenir sanglant. Anne, occupée à regarder différens objets étalés devant une boutique, ne s'était pas aperçue de la disparution de son père. Lorsqu'elle eut fini de regarder, elle se retourna, et ne voyant pas Machan, tout effrayée elle chercha à voir s'il n'était pas entré chez le marchand; mais, en s'avançant, elle fit tomber un des objets qu'elle avait considéré d'abord avec un œil d'envie. Le marchand, homme brutal et méchant, se précipite sur elle et la frappe cruellement au visage. Anna cherche à s'excuser, mais le furieux ne l'écoute pas et continue à frapper. Oh! par pitié, laissez-moi, reprit Anne d'une voix suppliante, en voyant Machan qui se dirigeait vers elle, de grâce, laissez-moi! mon père vient, et, s'il vous voyait....

Ame sublime, qui oublie les mauvais traitemens que lui inflige un misérable pour se souvenir qu'un danger menace son bourreau !

Le marchand, effrayé de savoir qu'elle n'est pas seule, rentre chez lui. Anne marche à la rencontre de son père, et l'aborde en souriant. Machan, qui n'a rien vu de cette scène, continue sa promenade. A quelque temps de là, elle racontait cette aventure, mais de manière à ce qu'on ne pût connaître l'auteur de ce mauvais traitement. Et pourquoi ne pas m'avoir appelé, s'écrie Machan dont l'œil s'enflamme et la voix devient menaçante? Je crois, mon père, répondit Anne avec assurance, je crois qu'il est beau de pardonner.

Dévouement de Sainte Anne.

Sainte Anne avait douze ans lorsque Machan quitta Bethléem pour se fixer à Jérusalem. A cet âge le plus ingrat pour les jeunes filles, qui touchent en même temps à l'enfance et à l'adolescence, et où la plupart d'elles, voulant trancher de la femme tout en conservant les goûts de leurs premières années, sont ordinairement ridicules et prétentieuses, sainte Anne évita ce travers et aucun défaut ne se fit remarquer chez elle. Si quelquefois elle cédait aux folles gaîtés et faisait des enfantillages, elle n'en paraissait pas honteuse.

Elle écoutait avec attention et respect tout ce que disaient les personnes d'un âge mûr. Quoique beaucoup plus instruite que bien des personnes de son temps, elle se disait toujours ignorante, et ne perdait aucun moyen de s'instruire.

Lorsqu'on traitait de religion, et que quelques personnes émettaient des idées qui pouvaient faire douter de la toute-puissance de Dieu, le regard d'Anne s'animait, sa voix devenait puissante; elle trouvait pour persuader de ces cris de l'âme qui détruisent l'erreur, et prouvaient la sainteté de la cause qu'elle défendait.

Semblable au torrent que rien ne peut arrêter dans sa course, son langage vif et bouillant renversait tous les sophismes, et portait dans tous les cœurs la croyance et l'amour de la divinité.

La famille de Machan fut bientôt connue et aimée à Jérusalem comme elle l'avait été à Bethléem. Tous les bienfaits que chaque jour elle répandait autour d'elle, au pauvre comme au puissant, la firent adorer et respecter. Des familles, arrachées par elle au désespoir et à la misère, bénissaient son nom qu'ils plaçaient toujours le premier dans leurs prières. Anne aidait son père à découvrir l'infortune et accompagnait sa mère près des malades, leur prodiguant avec elle tous les soins que nécessitait leur état ; elle fut bientôt surnommée l'ange de Jérusalem.

Machan fut atteint à quelque temps de là d'une maladie grave contre laquelle échouèrent tous les secours de l'art ; les soins que lui prodiguèrent sa femme et sa fille n'obtinrent aucun résultat. Dieu avait décidé qu'il devait mourir.

Anne était demeurée quarante-six jours consécutifs au chevet de son père. Les amis de Machan, qui se remplaçaient et donnaient au mourant des secours et des soins qu'on ne trouve jamais de la part de mains mercenaires, ont certifié que sainte Anne était demeurée les six semaines sans que le sommeil fermât un seul instant ses paupières appesanties par la fatigue et les veilles.

Lorsque l'âme de Machan eût quitté son enveloppe terrestre, et que son corps fut refroidi par la mort, Anne se précipita sur le cadavre de celui qu'elle avait tant aimé ; son désespoir était si grand, que les spectateurs de cette scène déchirante craignirent pour sa raison.

Echevelée, les yeux hagards, elle inspirait la pitié et l'effroi. Dans son délire, elle meurtrissait son visage et arrachait les longues tresses dorées qui tombaient en spirales sur ses épaules où se dessinaient la trace de ses ongles.

Ce ne fut qu'après deux heures de résistance qu'on parvint à l'arracher de cette maison, où avait cessé d'exister celui qu'après Dieu elle aimait le plus au monde. Le moral avait été trop vivement attaqué pour que le physique ne s'en ressentît pas; Anne tomba dans un marasme si fort qu'on craignît pour ses jours.

Elle parlait toujours de mourir, et vantait le bonheur de retrouver dans un monde meilleur ceux qu'on a aimés sur cette terre. Elle souriait à cette idée, et, malgré elle, l'espérance de mourir se lisait sur ses traits pâles et amaigris.

Un jour que, seule dans sa chambre, elle adressait au ciel de ferventes prières pour le salut de l'âme de celui à qui elle devait la vie, elle s'écria d'une voix forte : Oh! mon Dieu, faites que je le rejoigne bientôt!

Et votre mère, lui dit une voix douce et brisée par la douleur, et votre mère!...

Oh! pardon, s'écria l'enfant en se jetant aux pieds de sa mère qu'elle n'avait pas entendu entrer. Oh! pardon, et elle éclata en sanglots. Sa mère la releva et la tient embrassée.

Anne avait pleuré, elle était sauvée. Oh! comme elle racheta ensuite ce moment de faiblesse! Elle reconnut que sa vie appartenait à celle à qui elle la devait, et que permettre au chagrin d'attenter à ses jours, devenait un crime; car, à Dieu seul appartient le droit d'en disposer.

Anne, jeune fille.

L'enfant était devenue jeune fille et touchait, d'après la prédiction de l'Ange, au moment de se marier. Sainte Anne était une de ces belles créatures qui font le désespoir des peintres dont le pinceau peut rendre la perfection des traits, mais se refuse à rendre l'expression que la parole même ne saurait définir. La Vierge Marie, qui fut, dit-on, l'être le plus parfaitement beau qui ait jamais existé, était le portrait vivant de sa mère.

Avec les années, la bonté, l'humilité, la charité croissaient chez la Sainte, dont le nom était chaque jour plus révéré.

Si nous voulions élargir un peu le cadre que nous avons voulu former, nous pourrions citer ici mille actions de sa vie qui prouveraient tout le dévouement d'une amie sincère, toute l'affection filiale, tout ce que contenait de grand et de beau ce lys de pureté.

Au nombre des personnes les plus intimement liées avec la veuve de Machan, se trouvait un homme jeune et beau, l'honneur de son sexe comme Anne l'était du sien.

Cet homme s'appelait Joachim. A une extrême bonté, Joachim unissait une grande dévotion; il était aimé et respecté de tous. Descendant aussi de David, il se considérait pour cela davantage obligé à faire le bien et à propager la vertu. Il établissait en principe ce que nous ont imposé plus tard les maximes sublimes de l'Evangile : « Les hommes sont tous frères. »

Ce fut Joachim que la Providence désigna pour être le fiancé de sainte Anne. Il avait mérité par toutes ses vertus de devenir un jour le père de Marie, la Mère de Dieu.

Le jour où les deux Saints furent unis devint un jour de fête pour la ville entière. Pas une âme de la grande cité ne demeura froide à cette annonce : tous joignirent leurs prières pour les deux êtres qui leur avaient apporté de douces paroles, lorsqu'ils étaient dans la souffrance; des secours, lorsqu'ils étaient accablés par la misère.

Sainte Anne, épouse.

La femme de Joachim se montra toujours ce qu'avait été la fille de Machan, sensible, douce et bonne. Tous ceux qui l'entouraient étaient heureux; jamais un serviteur en défaut n'entendit sortir de sa bouche une parole grondeuse; elle reprenait avec tant de douceur, quelque grave que fût la faute, que l'homme le plus pervers ne pouvait que se jeter à ses pieds et pleurer ses torts. Anne était pour son mari ce qu'elle avait été pour son père, ce qu'elle était encore pour sa mère vieille et infirme. Elle savait allier ses devoirs de fille et d'épouse, sans que l'humeur jalouse de mère pût s'irriter, sans que la susceptibilité de mari pût en être blessée.

Sainte Anne avait appris la vision qu'avait eue sa mère ; elle savait ce à quoi elle était destinée, et cependant aucun sentiment d'orgueil ne vint troubler cette âme si candide et si pure. Elle s'efforçait plus que jamais de mériter les faveurs célestes, et se préparait à la mission qu'elle devait remplir sur la terre.

Cependant l'objet si ardent de ses vœux se faisait long-temps attendre, mais pas une plainte, pas un regret sur le retard qu'apportait la Providence à accomplir sa promesse. Anne rejetait sur elle-même la cause de ces retards, s'accusait de fautes imaginaires et pleurait sur des torts qu'elle n'avait point eus. Cette femme ne pouvait, avec sa candeur, penser que Dieu pour l'éprouver, voulût la laisser dans des souffrances d'autant plus grandes qu'elle se figurait les mériter.

Les décrets de la Providence sont impénétrables. Faisons comme sainte Anne, prions, prions, jusqu'à ce que nos vœux soient satisfaits : jamais Dieu n'a été imploré en vain ; s'il ne comble pas aussitôt nos désirs, c'est que nous ne le méritons pas encore. Efforçons-nous d'imiter sainte Anne; si la protection divine semble s'éloigner de nous, redoublons nos efforts, et, quoique la justice du Très-Haut soit quelquefois tardive, n'en doutons pas, frères, elle saura toujours nous atteindre pour récompenser ou punir.

Outre la peine que ressentaient les deux époux de ne pas avoir l'enfant que le ciel leur avait promis, ils eurent à supporter une perte peut-être plus douloureuse encore, ce fut la mort de leur mère. Sainte Anne éprouva, en se voyant séparée de sa mère, le même désespoir qu'elle avait éprouvé à la mort de Machan ; seulement, elle se montra cette fois forte et résignée. Elle supporta avec calme le nouveau malheur qui venait de la frapper, et remercia le Seigneur de lui faire expier aussi durement les fautes qu'elle pouvait avoir commises. Il lui était encore réservé une épreuve avant de devenir mère.

Un jour que Joachim était allé, selon son habitude, visiter au dehors de la ville ses pauvres et ses malades, il fut obligé de traverser un enclos pour arriver à une chaumière; il y pansa un malade, et, lorsqu'il l'eut exhorté à la résignation, il se remit en route pour en visiter d'autres. Le temps était étouffant ; la terre, échauffée par les rayons du soleil, devenait de plus en plus brûlante, pas la moindre brise n'arrivait aux poumons pour aider à respirer:

Joachim, brisé par la fatigue, se coucha au pied d'un olivier. Il y avait quelques instans qu'il reposait, lorsqu'il poussa un cri de douleur, regarda qui avait pu lui causer ce mal, et vit près de lui un aspic qui venait de le piquer à la main.

Il se leva aussitôt et se rendit chez lui en toute hâte. A peine se trouve-t-il en présence de sa femme, qu'il tombe évanoui en prononçant le mot aspic. Plusieurs personnes, qui se trouvaient chez lui, s'empressent de lui porter secours, l'enflure continue à augmenter, la mort se peint sur tous les traits du patient dont la langue embarrassée cherche en vain à prononcer quelques paroles.

Tous le croient mort, s'agenouillent et prient. Anne, qui voit à jamais toutes ses espérances détruites, au lieu de pleurer et se plaindre, offre encore à Dieu ce sacrifice, le plus cruel de tous. Mais, ô miracle! Joachim fait un mouvement. Anne, sans qu'on pût l'en empêcher, se précipite sur son mari, porte ses lèvres à la blessure et en suce le venin; le malade reprend peu à peu ses forces et, au bout de quelques instans, parvient à se lever. L'enflure a entièrement disparu, ses traits ont recouvré toute leur sérénité; il semble ne pas se rappeler qu'il a souffert.

Au moment où il va s'approcher d'Anne pour la rassurer, un violent coup de tonnerre se fait entendre. La chambre se remplit d'une clarté soudaine : cette clarté bien plus vive que celle du soleil, ne fatigue pas la vue. Sur un nuage blanc, légèrement azuré, apparaît l'Ange du Seigneur.

Vision de Sainte Anne.

Lorsque la chambre de sainte Anne se trouva éclairée par une lumière extraordinaire, tous les spectateurs — qu'un ouvrage ancien met au nombre de six —, entendirent des accords mélodieux, auxquels se mêlaient des voix douces et harmonieuses qui ne ressemblaient en rien à la voix des humains.

Tous les assistans, tremblant de crainte, priaient avec ferveur.

« Anne, dit l'Ange, écoute les dé-
» crets de la Providence : La manière
» dont tu as supporté toutes les é-

» preuves, auxquelles Dieu a voulu » te soumettre, t'ont rendue digne de » donner le jour à la Mère de Jésus-» Christ. Réjouis-toi, tu occuperas » la première place entre toutes les » Saintes. »

L'Ange dit et disparut, laissant après lui une clarté lumineuse qui bientôt se dissipe entièrement.

Le bonheur, dans l'âme pure de sainte Anne, était comme un parfum divin, il se faisait sentir à tous ceux qui l'entouraient.

Anne et Joachim, ainsi que tous ceux qui étaient présens lorsque l'Ange avait apparu, passèrent toute la journée au temple.

Lebruit du miracle ne tarda pas à

se répandre par toute la ville. Les habitans de Jérusalem fêtèrent cette heureuse nouvelle, et chantèrent les louanges de celle que Dieu avait choisie pour leur donner un Sauveur.

La prédiction de l'Ange ne tarda pas à se réaliser ; on apprit, bien peu de temps après, qu'Anne, la femme de Joachim, était enceinte après vingt-cinq ans de stérilité.

Le jour où Anne donna naissance à la Vierge, elle eut une autre vision où Dieu lui apparut et lui dit tout ce qui devait arriver à ses descendans.

Anne devint le modèle des mères, comme elle l'avait été des filles et des épouses. Elle-même instruisit Marie dans la dévotion et lui apprit à aimer la vertu.

L'enfant profita bien vite des sages leçons qu'elle recevait et que, chaque jour, elle voyait mettre en pratique. Anne était heureuse et fière de sa fille; elle jouissait de voir l'amour et l'admiration qu'inspirait déjà cette enfant d'un âge si tendre; elle se voyait revivre en elle et attendait avec impatience la Conception de Marie.

Anne fut rappelée par le Créateur, après avoir passé de nombreuses années sur terre, où elle remplaçait la Divinité par des bienfaits sans nombre et des actes sublimes.

Elle s'éteignit sans souffrances. La dernière parole que proférèrent ses lèvres mourantes, fut une parole de pardon pour tous ceux de qui elle avait eu à souffrir pendant sa vie.

Miracles de Sainte Anne.

Comme beaucoup de personnes ne croient pas, ou plutôt, arrêtées par le respect humain, ne paraissent pas croire à tous les faits merveilleux racontés sur sainte Anne, nous citerons quelques-uns de ses miracles faits de nos jours et que peuvent attester des provinces entières.

Les différens miracles que nous allons rapporter nous ont été racontés par les personnes mêmes que la Providence a sauvées ou par d'autres qui étaient présentes. Nous ajoutons foi entière aux différens récits faits par des personnes dont jamais le mensonge n'a souillé les lèvres.

Nous ne raconterons ici ni guérisons de fièvres, ni cures de maladies dangereuses; on pourrait attribuer ces différentes grâces à la science médicale : nous avons choisi des exemples où la force et le génie ne pouvaient rien sans le secours de Dieu.

Incendie.

Par une froide et sèche journée du mois de février 1812, un incendie éclata dans la rue du Château, à Auray. De toutes parts les habitans se rendent à l'appel des cloches qui sonnent le tocsin, au bruit du tambour qui bat le rappel ; deux mille personnes se pressent dans la rue ; sans égard pour l'âge et la position, chacun est obligé de faire la chaîne.

Toute l'activité qu'on déploie ne produit aucun résultat, l'incendie devient de plus en plus intense ; les flammes, excitées par le froid et poussées par le vent, menacent d'embraser la ville.

Tout le monde, brisé de fatigue, continue froidement son service. Beaucoup d'entre les assistans, désespérant de voir leurs efforts couronnés de succès, se retirent en silence. Déjà trois maisons entièrement consumées ne laissent plus apercevoir que leurs murs noircis par la fumée. Toute cette foule crie et se désespère, la flamme continue sa dévastation, le vent, qui a grandi encore, éparpille sur Auray des tourbillons d'étincelles. Au moment où le découragement est à son comble, le Recteur, revêtu de son étole, se présente au milieu de la foule qui n'a plus la force de porter les seaux qu'elle doit se passer de main en main. Les pompes, qui semblaient encore alimenter le feu, ont cessé de jouer. « Mes amis, s'écrie le Pasteur d'une voix inspirée, prions sainte Anne, elle seule peut nous sauver. » Mille voix répètent le nom de sainte Anne ; à l'exemple du prêtre, tout le monde s'agenouille et adresse à la Sainte une fervente prière.

L'incendie continue encore ses ravages : « Prions encore, mes amis, prions, » reprend d'une voix forte M. Deshayes, qui s'aperçoit que le doute commence à gagner les cœurs ; prions encore, reprennent avec découragement les mille voix qui ont prié déjà. De nouveau on s'agenouille, de nouveau on invoque la Sainte, qui, cette fois, ne se montre pas sourde aux prières.

Les flammes tombent et cependant le vent n'a pas cessé de souffler ; les flammes, qui avaient encore de la pâture à dévorer, s'arrêtent et laissent apercevoir des poutres à demi consumées et des meubles que caressait déjà leur langue ardente.

A ce spectacle aussi inattendu qu'inespéré, les cœurs recouvrent leur foi ; mais ils n'ont pas tout vu, leur croyance doit augmenter encore.

Lorsque le feu fut entièrement éteint, et que les tourbillons de fumée eurent cessé de noircir l'atmosphère, le portrait de sainte Anne se montra aux regards émerveillés de cette foule qui a un instant douté de son intercession.

Le portrait de la Sainte se trouvait à quelques pouces au-dessus d'un meuble qui avait été entièrement consumé : le cadre n'a pas seulement été noirci, le cristal qui recouvre l'image de la mère de Marie est demeuré intact à cette chaleur d'enfer.

Après un semblable fait, qui de nous osera douter? Frères, rendons-nous à l'évidence, ne cédons pas à un sot orgueil qui peut nous perdre dans cette vie et dans l'autre. Prions, frères, prions sainte Anne, et ne doutons jamais qu'elle ne cède à nos vœux comme elle a cédé à ceux d'une ville entière; efforçons-nous donc de lui plaire et de nous rendre par là dignes de ses faveurs.

Captivité.

Lorsque la terreur régnait sur la France, et que tout ce qu'il y avait de sang noble coulait sous la hache révolutionnaire, deux habitans de Nancy, issus d'une des premières familles lorraines, furent obligés, pour échapper à l'échafaud, d'aller demander à l'étranger du pain et un asile. Ces deux personnes à l'âme grande et généreuse, dont les immenses bienfaits s'étaient répandus sur la province entière, ne purent se soumettre longtemps à cet horrible exil. Ils pleuraient sur la patrie absente qui baignait dans le sang, sur les malheureux dont ils avaient été le soutien; tous les deux s'étaient fait connaître seulement par de belles et nobles actions, ils pensèrent pouvoir rentrer sans danger dans leur patrie et habiter sans crainte les toits qui avaient abrité leurs pères.

Le comte de J** et Madame de** sa sœur, abbesse d'une abbaye royale dans la Lorraine allemande, se décidèrent à rentrer dans leurs foyers, tous les deux furent accueillis par des exclamations de joie, le peuple n'avait pas oublié tout ce qu'il leur devait; mais le tribunal de Paris, qui désirait une proscription entière, donna ordre de les arrêter aussitôt Ils furent saisis et traînés dans un des cachots de la ville.

Le tribunal révolutionnaire était expéditif dans ses jugements ; il décréta la mort contre les deux innocens qui n'avaient commis d'autre crime que celui de porter le nom de leurs aïeux.

La veille du jour où devait avoir lieu l'exécution, M. de J**, dont le courage ne s'était pas démenti un seul instant, s'entretenait avec sa sœur de leur fin prochaine.

« — Eh quoi! répondait l'abbesse, qui ne pouvait retenir ses larmes, eh quoi ! Dieu permettra qu'on nous livre à la mort, nous, dont la vie a été employée à suivre ses commandements et à être les bienfaiteurs de ce peuple qui maintenant demande notre tête.

— A quoi bon trembler, reprit M. de J** avec calme, n'avons-nous pas droit à une vie meilleure? Oh! si je ne laissais, moi, une femme et des enfants à qui je dois consacrer mon existence, je porterais sans crainte ma tête sur l'échafaud, et la hache du bourreau me trouverait aussi calme que je l'ai toujours été au milieu de la prospérité.

— Mais, c'est horrible, mourir si jeunes, lorsque la vie a pour nous encore tant d'attraits! Si Dieu m'eût rappelé à l'aide de la maladie, je me serais résignée à ces maux que, tous, nous devons souffrir ; mais tomber sous la main d'un bourreau, mourir comme des voleurs ou des assassins, et courir le risque, avant de poser notre tête sur le billot, courir le risque d'être écharpée par cette populace, toujours ivre de sang et d'eau de vie !... Oh ! j'ai peur, j'ai peur ! » Et Madame de ** les cheveux hérissés, le regard fixe, la bouche béante, demeurait glacée par la terreur. C'est dans ces moments, où Madame de** était sur le point de perdre la raison, que M. de J ** se montrait vraiment sublime.

Il oubliait sa douleur, qui aurait dû être plus horrible encore, pour ne se souvenir que de celle de sa sœur ; il cherchait, par de douces paroles et des raisonnements sages, à porter le courage et la résignation dans cette âme timorée qui ne laissait rien après elle.

« — Mais, qui donc pourrait nous sauver ? reprenait Madame de** en proie au délire le plus violent, que faudrait-il faire pour attendrir ces hommes affamés de trésors et altérés de sang innocent ? — Aucune puissance humaine ne saurait nous sauver maintenant, reprenait M. de J** avec son calme habituel ; Dieu seul le pourrait, et l'avons-nous mérité ?

— Dieu ! répondit Madame de** avec un rire éclatant, Dieu ! Mais depuis que nous sommes dans ce cachot, je n'ai cessé de l'implorer ; j'ai fait vœu de donner toutes mes richesses aux pauvres, de consacrer à son culte ma vie tout entière, s'il m'arrachait à cette horrible prison : eh bien! Dieu est demeuré sourd, il nous a laissés traîner au milieu de cette bande de brigands qui, après nous avoir jeté l'insulte à la face, veulent nous envoyer à la mort. Dieu!... »

Une voix douce se fit entendre alors des deux prisonniers qui n'avaient plus que quelques heures à vivre. Cette voix, qui partait d'un des cachots voisins, était ferme comme si elle eût chanté dans un salon; seulement, au lieu d'une romance, elle chantait un des cantiques en l'honneur de sainte Anne.

A peine les deux captifs ont-ils entendu le nom de la mère de Marie, que le voile de douleur se déchire, l'espérance renaît sur leur front, leurs yeux mornes et éteints s'animent et étincellent ; à ce nom révéré, la joie a succédé à la crainte, l'espoir au désespoir.

Sainte Anne! s'écrie comme inspirée, Madame de **. Au moment où elle implore la Sainte, à qui elle n'avait pas pensé avoir recours, des pas lourds retentissent dans le corridor, un bruit de verroux se fait entendre, et sur le seuil de la porte apparaît le geôlier, dont la figure, éclairée par la lueur jaunâtre d'une mauvaise lampe, paraît encore plus horrible et plus féroce.

A la vue de cet homme qu'elle pense

venir les avertir que l'heure fatale est arrivée, Madame de** redouble de ferveur et s'écrie d'une voix déchirante : « Aïeule du Christ, mère de Marie, nous laisserez-vous mourir ! »

Le geôlier au même moment pousse un cri terrible, la lampe s'échappe de ses mains, et lui-même vient rouler au milieu du cachot, en proie à d'horribles convulsions. M. de J** avait aussi adressé mentalement une invocation à celle dont le nom seul avait relevé son courage, qui, peut-être à la vue des larmes de sa sœur, allait faiblir et s'abattre.

Sans perdre un seul instant, M. de J** se jette sur le geôlier qui semble mort, lui ôte ses habits et s'en revêt. Accompagné de Madame de ** il s'élance dans ces corridors qu'il ne devait plus traverser que pour paraître devant Dieu.

Grâce aux ombres épaisses de la nuit, les deux captifs arrivent jusqu'au poste qui garde l'entrée de la prison ; M. de J** agite le trousseau de clefs qui pend à son côté et affecte de se montrer à la sentinelle, qui semble soupçonner quelque évasion ; mais au bruit des clefs qui se choquent et à la vue des habits qui, quelques instants avant, couvraient le geôlier, le soldat s'écarte et livre passage aux deux fugitifs: qui sont bientôt à l'abri des persécutions et rendent grâce à la Sainte qui les a miraculeusement arrachés à un danger que tout paraissait rendre inévitable.

Naufrage.

C'était un affreux spectacle que celui que présentait la plage de Quibéron, le 20 décembre 1833. Tous les habitans de la petite ville, à demi vêtus, les cheveux en désordre, se précipitaient vers la jetée, d'où on apercevait un navire, battu par la tempête, qui menaçait à chaque instant d'être englouti ou de venir se briser sur les pointes tranchantes des rochers qui s'avancent au loin dans la mer.

La pluie tombait à torrents, les vents déchaînés rugissaient avec fureur, les vagues élevées comme des montagnes se brisaient sur la côte avec un bruit horrible, le roulement du tonnerre était si fort qu'il couvrait quelquefois la voix tonnante de la mer sauvage qui, follement irritée, se faisait entendre distinctement à dix lieues de là. Les éclairs, qui se succédaient avec une rapidité effrayante, jetaient sur tous les objets leur teinte rougeâtre et faisaient de l'océan une immense nappe de feu. A ce déchaînement de la nature venait se mêler le son des cloches, doux et triste comme les soupirs d'une âme en peine.

Les nuages, toujours ouverts par la foudre, laissaient apercevoir les malheureux marins tantôt sur le dos des vagues qui les portent jusqu'aux nues ; tantôt la mer, venant à se dérober sous le navire, on les voyait précipités au fond de l'abîme qui semblait se refermer sur eux.

L'art nautique et le courage humain ne pouvaient lutter contre les élémens en courroux. L'équipage, brisé de fatigue, ne pouvait plus obéir à la voix du capitaine, étouffée par celle des ondes noires battant les flancs du navire qui gémissait sous leurs coups.

Tous les spectateurs de cette horrible scène demeurent muets. La pitié et l'effroi ont glacé tous les cœurs. Là, se trouvent bien des personnes qui souvent ont risqué leur vie pour voler au secours d'un bâtiment dont le canon annonçait la détresse; mais jamais l'océan ne s'est montré aussi furieux; il est impossible de mettre une barque à la mer, il est même de toute impossibilité d'avancer de vingt pas, sans être sûr d'être brisé.

Des enfants, qui craignent pour leurs pères, poussent des cris aigus et retentissants, des femmes, qui croient, à la lueur des éclairs, reconnaître leurs époux, se tordent désespérées; à ces cris de douleur vient encore se mêler la rude voix du marin, qui écume de rage en voyant qu'il ne peut aller à l'aide de ses frères qui vont mourir.

Bientôt un nouveau malheur vient encore frapper ces hommes tous destinés à périr. Un éclair, plus éclatant que tous les autres, déchire un nuage noir et épais, une longue traînée de feu s'abât sur le pont du navire, au milieu des hommes accoutumés à braver la mort, mais qui, aujourd'hui, semblent voir toute l'impossibilité de leurs efforts et paraissent résignés au sort affreux qui les attend; ils regardent froidement l'incendie qui se déclare, et pas un ne tente d'en arrêter les progrès.

En quelques instants, le feu s'est déclaré de toutes parts, le vaisseau ne présente au spectateur effrayé qu'un vaste amas de flammes.

Une voix du rivage prononce le nom de sainte Anne; les voix mâles et fortes ne sauraient être entendues des marins en danger; la voix qui a nommé sainte Anne est cependant la douce voix d'une femme, elle n'a pas parlé bien fort, et le nom de la Sainte a dominé le grondement du tonnerre, le rugissement des vagues, et est arrivé clair et distinct à l'équipage sans espoir.

« Sainte Anne! répéta le capitaine, » et un sourire amer plisse ses lèvres; l'insensé, il doute qu'aucune puissance puisse les sauver.

Oui, oui, sainte Anne! s'écrient avec enthousiasme tous les marins, qui s'agenouillent et tendent des mains suppliantes vers ce ciel d'où est partie la foudre qui va les consumer. Un craquement horrible se fait entendre ; mais le navire, au lieu de sauter, se disjoint, et on voit plusieurs hommes attachés à des planches, qui essaient de lutter encore.

Le lendemain matin, lorsque la tourmente eut cessé, on trouva ces malheureux tous vivants, tous rendant hommage à la Sainte qui les avait sauvés de la mer sauvage et des flammes dévorantes. Un seul homme avait péri, ce fut celui qui avait douté.

Le Lion.

En quelque endroit et en quelque danger que nous nous trouvions, rappelons-nous la mère de Marie. Si, le cœur plein de foi, nous nous adressons à elle, nous sommes sûrs de voir bientôt sa main puissante s'étendre sur nous, et nous arracher au péril que notre courage et nos forces ne sauraient nous faire éviter.

Par une belle matinée du mois de mai 1816, lorsque Séville, comme une reine orientale, nonchalamment couchée au milieu de vastes plaines d'orangers dont la fleur exhale le plus doux des parfums, de lauriers à la fleur d'un rose tendre, présente à l'œil le plus beau des spectacles; lorsque les Sévillannaises, fraîches et belles comme l'aurore, quittent leurs habitations mauresques tapissées de volubilis vert et de chèvre-feuille blanc, pour respirer les doux parfums qu'exhalent les plaines d'héliotropes et de jasmins, que les eaux du Guadalquivir, écumeuses comme celles d'un lac soulevé par les vents, venant se briser de *Triana* au *Delicias*, ajoutent encore à la beauté du tableau, des petites barques dont la brise enfle les voiles, fendent les eaux avec une rapidité effrayante et rivalisent de vitesse avec le goëland à l'aile longue et originalement découpée.

Au nombre de cette foule qui va chercher sur les rives du fleuve un peu de fraîcheur dont les rayons ardents du soleil qui commence à poindre à l'horizon vont bientôt les priver entièrement, se trouve une famille française d'origine bretonne.

Cette petite famille se compose seulement de M. Blavec, sa femme, et leur enfant à peine âgé de douze ans.

Tous les regards se portent sur le Guadalquivir et cherchent à apercevoir au milieu des voiles un bâtiment qu'on attend depuis quelques jours. Ca bâtiment dont on paraît s'occuper beaucoup, vient des côtes d'Afrique et apporte, dit-on, un lion et un tigre d'une grandeur telle que, de mémoire d'homme, on n'en a vu de pareils.

Tous les jours précédents ont été mauvais, le vent n'a cessé de souffler avec force et d'être contraire aux vaisseaux qui se dirigeaient sur Séville.

Dans la nuit qui précéda le jour dont nous allons raconter l'évènement, le souffle terrible de l'ouragan avait entièrement cédé pour faire place à une douce brise qui facilite l'entrée au port. On ne tarde pas à apercevoir au loin une voile dont la marche est lourde et embarrassée, et qui, sans aucun doute, a eu beaucoup à souffrir ; on reconnaît bien vite que c'est celle si impatiemment attendue.

Tout le monde se presse vers le bâtiment, sur lequel on aperçoit dans d'énormes cages les prisonniers royaux. Tout ce qui a été dit n'a pu donner une idée exacte des deux habitants des forêts. Le lion surtout est d'une grandeur et d'une force que représentent les statues antiques ; une épaisse crinière noire, qui traîne jusqu'à terre, ajoute encore à l'expression féroce de cette tête large et carrée. On est séparé de lui par des barreaux de fer, et cependant les plus braves se sentent frémir.

En débarquant les cages, une secousse trop forte rompt les attaches qui retenaient la porte du terrible animal. Le lion, en se voyant libre, pousse un rugissement terrible que l'écho répète au loin, et se précipite au milieu de ces imprudens, qui, glacés d'effroi, n'ont pas même la force de recourir à la fuite.

Le lion affamé commence à faire un ravage affreux ; il se précipite sur le fils de M. Blavec, mais Mme Blavec, qui a été élevée dans le culte de sainte Anne, dont elle a déjà éprouvé les bienfaits, se voue encore à la patronne de la Bretagne. A peine cette mère s'est-elle jetée sur le lion en prononçant le nom de la Sainte, que l'animal lâche sa proie et se précipite sur une autre.

M. Blavec, âme grande et généreuse, qui souffre des souffrances des autres, s'avance hardiment sur l'animal et le frappe d'un petit poignard qu'il tient à la main. Le lion, dont la lame n'a fait qu'effleurer la peau, devient plus furieux encore; il hérisse sa crinière, montre ses dents et ses griffes, ouvre une gueule sèche et enflammée; ses yeux, injectés de sang, paraissent pleins de feu.

M. Blavec n'est pas intimidé, de nouveau il s'avance contre son terrible adversaire, dont les rugissements font trembler les forêts.

Les deux ennemis luttent corps à corps; trois fois M. Blavec abât le lion, qui paraît honteux de sa défaite et dont la rage va toujours croissant.

Enfin le Breton parvient à le terrasser, et lui plonge à plusieurs reprises son poignard dans la gorge.

L'animal, qui avec son sang perd toutes ses forces, cherche à fuir maintenant, mais son ennemi, qui craint de nouveaux malheurs, s'acharne à sa poursuite et ne l'abandonne que lorsqu'il le voit à ses pieds, sans mouvement et sans vie.

M. Blavec est accueilli par des acclamations de reconnaissance et de joie; mais il sait qu'il n'a fait qu'obéir à une inspiration divine, et que son bras n'a pu venir à bout d'un ennemi aussi terrible, que guidé par une puissance supérieure. Il se jette à genoux et proclame le nom de sainte Anne, des milliers de voix répètent ce nom révéré.

La Sainte que, jusque là, bien des

personnes n'avaient jamais priée, fut désormais implorée par tous ceux qui eurent connaissance de ce fait, où, grâce à elle, un homme faible et presque sans armes avait triomphé d'un ennemi bien plus fort et bien plus redoutable que lui.

Combat naval.

Après la mort du général Kléber, et lorsque les armées républicaines étaient obligées de rentrer en France, ainsi que plusieurs de mes compagnons je restai au pouvoir des Mamelucks. Notre disparition avait été sans doute attribuée à la mort, et personne ne nous avait réclamés; nous dûmes donc perdre à jamais l'espoir de retourner dans notre patrie.

Renfermé dans une tour sur le bord de la mer, je passais les jours et les nuits dans une profonde tristesse. A travers la grille de fer qui défendait la petite croisée par où m'arrivait un peu d'air, je voyais les vagues qui venaient battre les pieds de la tour où j'étais prisonnier. La vue des vaisseaux battus par la tempête, pouvait, seule, m'arracher quelques instans à ma morne douleur ; loin de plaindre ces hommes menacés du naufrage, j'enviais leur sort : Bientôt, me disais-je, désespéré, bientôt finiront leurs malheurs ; ils reverront leur patrie, où les attendent une mère et une fiancée.

Pendant que je me consumais en regrets inutiles, la porte de ma prison s'ouvre, et le gouverneur de la tour vient m'annoncer que je suis libre.

Un des Français prisonniers dans la même tour que moi avait traité de sa rançon. Puissamment riche et voulant faire des heureux, il avait traité aussi pour les compatriotes dont les cris de désespoir et de rage étaient parvenus jusqu'à lui.

Ma chambre était au-dessous de la sienne, il m'avait entendu pleurer ma patrie, ma mère adorée : je fus au nombre de ceux qu'il racheta.

Nous nous rendîmes aussitôt sur le rivage, où nous attendait un mauvais bâtiment marchand ayant seulement huit pièces de canon. Aussitôt que nous fûmes arrivés on donna l'ordre du départ, et nous nous éloignâmes d'un pays où nous avions enduré toutes les tortures qui doivent briser la faible humanité.

Un vent favorable remplissait nos voiles ; les rivages d'Egypte s'enfuyaient loin de nous, les collines et les montagnes s'aplanissaient peu à peu. Nous ne voyions plus que le ciel et l'eau, pendant que les feux étincelans du soleil qui se levait changeaient la mer en un vaste tapis d'or et de diamans. Ses rayons dorés et le sombre azur de la voûte céleste nous promettaient une heureuse navigation.

Déjà nous oubliions notre captivité, déjà nous parlions de rentrer dans ces armées glorieuses qui, au mot d'honneur et de patrie, asservissaient l'Europe, lorsqu'un des matelots signala une voile. Nous continuâmes à avancer, mais nous reconnûmes bientôt un croiseur anglais qui nous salua d'un boulet; nous voulûmes fuir, mais notre bâtiment était lourd à la marche, et fut bientôt à demi portée de canon de la frégate anglaise qui continuait à nous donner la chasse.

Nous n'avions que quelques mousquets et les huit mauvaises pièces de canon, qui étaient aussi redoutables pour nous que pour nos ennemis. Nous connaissions toute l'horreur de la servitude et savions ce que devaient être les pontons anglais; aussi, lorsqu'on nous intima l'ordre d'amener, « Plutôt mille fois mourir », nous écriâmes-nous d'une seule voix, et nous tentâmes encore de fuir. Un éclair sillonna alors les flancs de la frégate, et une pluie de fer vint s'abattre sur notre pont, brisa nos mâts et apporta la mort dans nos rangs. Décidés à mourir plutôt que de nous rendre, nous ripostâmes autant que pouvaient le permettre notre faible artillerie et nos forces épuisées. Une autre fois encore le bâtiment anglais frémit sur lui-même, et ses messagers de mort renversèrent la moitié de notre équipage.

Le pont était souillé de sang, le râle des mourants, les cris et les imprécations des blessés se mêlaient à la voix tonnante de nos canons, qui, fidèles à leur service, portaient dans les rangs ennemis le ravage et la mort; mais résister plus long-temps était chose impossible, notre navire faisait eau de toute part. Nous attendions l'ennemi qui se disposait à nous aborder, lorsque la voix rauque d'un marin prononça le nom de sainte Anne. Tous, nous avions entendu parler des miracles de la mère de Marie, notre courage, un instant abattu, se relève plus terrible, et tout en invoquant la Sainte, nous continuons une défense désespérée. Nous sommes à portée de pistolets de la frégate, et nous pouvons entendre les cris : au feu! au feu! Les Anglais nous oublient un instant pour arrêter les progrès de l'incendie. Mais que pourront leur courage et leur science! Dieu les a condamnés à périr.

La frégate commence à crier sous l'action du feu dont les mille langues de diverses couleurs se font jour au travers des écoutilles, montent en tournoyant le long des vergues et des mâts. Tous les efforts deviennent inutiles, la flamme est maîtresse du bâtiment; pour échapper à la mort, il n'est plus qu'un moyen, se jeter à la mer et se sauver à la nage. On hésitait encore à prendre ce dernier parti, lorsqu'un craquement horrible fait grincer les planches du navire, une épouvantable détonnation nous annonce le sort de notre ennemi, dont les débris parviennent jusqu'à nous, et qui n'a pas eu sainte Anne pour le protéger.

Nous n'étions plus que huit hommes, mais aucun de nous n'avait été atteint depuis que nous avions imploré la mère de la Vierge.

Forcés d'abandonner notre navire, nous descendîmes dans une petite barque, et, protégés par sainte Anne, nous nous trouvâmes bientôt éloignés de la scène du désastre, où nous avions détruit un adversaire vingt fois plus fort que nous.

Découverte de la statue de sainte Anne.

L'histoire de Nicolazic est trop connue pour que nous entriions dans de grands détails. Nous dirons seulement pour les quelques personnes qui l'ignoreraient, que Nicolazic était un pauvre paysan qui mérita par ses vertus de découvrir la statue enfouie dans un champ appelé *le Bocenno*, et d'être choisi par la Sainte pour réédifier son temple détruit dans le courant de l'année 699. Grâce aux conseils de sainte Anne, qui lui apparut plusieurs fois, Nicolazic parvint à triompher de l'incrédulité, et finit par renverser tous les obstacles que lui opposèrent les envieux et les sceptiques. Ce fut le 24 juillet 1628, que le paysan vit enfin la chapelle élevée et bénite. La mort de Nicolazic, qui arriva le 13 mai 1645, fut en tout digne de sa vie. C'est à l'âge de soixante-trois ans, vingt-trois ans après la découverte, que l'âme de ce juste s'envola au ciel.

Eglise de Sainte-Anne.

L'église, quoique petite, offre un coup d'œil ravissant; les ex-voto dont les murs sont entièrement couverts, les vaisseaux, suspendus à la voûte, prouvent aux pélerins toute la puissance de la Sainte qu'ils viennent implorer.

A gauche, sont les chapelles du Sacré-Cœur et de saint Joseph; àdroite, celle de sainte Anne et dela Sainte-Vierge.

C'est devant le pilier qui sépare la chapelle de la Sainte-Vierge de celle de sainte Anne, à l'endroit même où fut trouvée la statue, qu'est inhumé le corps de Nicolazic.

Nous croyons inutile d'entrer dans des détails que le pélerin saura lui-même apprécier.

Couvent de Sainte-Anne.

Le couvent de Sainte-Anne, quoique n'offrant rien de bien curieux, doit cependant trouver ici sa place. Le Supérieur, ainsi que tous les prêtres qui l'habitent, sont des hommes aussi bons que pieux, aussi instruits que charitables. On ne saurait se figurer tous les bienfaits qu'ils répandent sur la contrée; on voit, chaque jour, une foule de pauvres se presser aux portes du couvent et recevoir des vivres suffisants pour les besoins de la journée.

Ces Messieurs, voués au culte de sainte Anne, mettent en pratique toutes les vertus de leur Patronne ; ils accueillent avec la même bonté, et donnent une aussi brillante instruction au fils du pauvre qui a à peine de quoi suffire à ses besoins, qu'au fils du puissant et du riche. Ils ont toujours une table ouverte et un lit pour le pélerin sans argent et sans gîte.

Maintenant que justice est rendue, nous allons essayer de démontrer que tant de bonté peut être quelquefois nuisible. Les prêtres de Sainte-Anne se laissent, à notre avis, trop emporter par leur cœur ; jamais, nous l'avons dit, un pauvre ne les implore en vain ; mais souvent cet homme que leur charité secoure ne doit ses haillons qu'à la paresse ou au vice. Ne vaudrait-il pas micux s'assurer d'abord si le suppliant est empêché de travailler par la maladie ou la faiblesse? Qu'on vienne à son aide une fois, deux fois, dix fois même; car, je le sais, c'est horrible d'entendre dire à un frère : J'ai faim, ayez pitié de moi. Qu'on lui donne, mais qu'on exige en même temps qu'il cherche à s'occuper. Je crois qu'ainsi on serait plus utile aux malheureux, que la paresse et la misère finissent toujours par pervertir, et qui deviennent nuisibles à cette société qui n'a cessé de les secourir et qui a contribué par là à l'accroissement de leurs vices.

Je puis citer des faits à l'appui de ce que j'avance. Vous voyez, chaque jour, dans le cloître, une foule de pauvres qui, pour vous attendrir, débitent mille mensonges ; ils ne disent pas que le couvent pourvoit à leur subsistance et que ce qu'ils vous demandent est pour s'enivrer, ils vous disent au contraire que le manque d'ouvrage les met dans cette position.

Je rencontrai un jour deux de ces malheureux ; leurs habits en lambeaux laissaient voir des membres forts et musculeux, leurs figures révélaient la santé. Je leur offris du travail, ils répondirent, comme de vrais lazaronnis, que le soleil luisait pour tout le monde, et que, s'il y avait des personnes qui ne travaillaient pas, il leur était permis, à eux, de demeurer sans rien faire; que, depuis dix ans les prêtres de Sainte-Anne pourvoyaient à leurs besoins, et qu'ils avaient perdu l'habitude du travail.

Tout en admirant cette extrême bonté et en ne faisant du reste que rendre justice, nous croyons cependant que les secours pourraient être mieux distribués et par conséquent plus utilement.

Pierre branlante.

Les voyageurs qui vont à Sainte-Anne ne doivent pas négliger d'aller à Brech. Bien que ce village n'offre rien de curieux, on doit s'y rendre cependant pour voir les délicieux points de vue dont la route est semée. Près du petit pont qui conduit à Brech, se trouvent des roches magnifiques, c'est là qu'est la pierre branlante. On a prétendu à tort qu'un enfant pouvait la remuer; nous doutons que les efforts réunis de dix hommes puissent l'ébranler. Ce n'en est pas moins un spectacle curieux;

l'imagination se perd à chercher par quels moyens les hommes ont pu arriver à mouvoir cette énorme masse de granit et à la placer en équilibre sur l'extrémité saillante d'un autre rocher d'une hauteur extrême. On prétend dans le pays qu'elle a été placée là par les Druides, et qu'elle servait à la divination ; nous croyons, nous, que ce ne peut-être que l'œuvre de la nature.

Bataille d'Auray.

Pour aller de Sainte-Anne à Auray, il est une autre route que celle de Pluneret; moins bonne que la première, elle doit être cependant préférée. Rien de plus ravissant que cette vallée où coule un gracieux ruisseau, tantôt resserré par des rochers noirâtres, tantôt étendant sa nappe limpide sur de fraîches prairies émaillées de jonquilles et de jacinthes. Les moulins, les touffes de sapins, les chaumières jetées çà et là, les côteaux couverts de genêts et de bruyère sauvage, les eaux qui s'échappent du sommet de la montagne et retombent en cascades bruyantes, produisent le plus admirable effet. Tout l'ensemble donne une idée exacte de la Suisse.

Pour suivre ce chemin, on sort de Sainte-Anne; à droite de la pièce d'eau, et, suivant l'avenue de Truélan, on trouve au-delà du château le vallon que nous avons désigné.

A une demi-lieue environ, on arrive à un mauvais pont appelé Tré-Auray. Le voyageur se trouve là en présence de grands souvenirs historiques : c'est dans ces vastes marais qui s'étendent devant lui, que s'est décidée la grande question d'hérédité à la couronne de Bretagne.

Charles, comte de Blois, qui avait

épousé Jeanne de Penthièvre, dite la Boiteuse, fille du second fils d'Arthur, à qui les Etats avaient reconnu les droits à la couronne, avait pour adversaire le comte Jean de Montfort, qui ne pouvait appuyer ses prétentions que sur ce qu'il était le seul des fils d'Arthur, alors vivant.

Depuis long-temps le sang coulait, et aucun parti n'avait obtenu un avantage signalé. Les deux Prétendants, ainsi que leurs partisans, demandaient une action décisive; cette action eut enfin lieu et assura la couronne à Montfort.

Charles de Blois avait placé ses troupes sur la hauteur du côté de Sainte-Anne, Montfort s'était rangé sur la colline opposée.

Le 29 septembre 1364, le jour se lève pur et serein, le soleil brille de tout son éclat, ses rayons frappent les casques et les cuirasses, et en font rejaillir des étincelles éblouissantes; le choc des armes et le hennissement des chevaux retentissent dans la plaine; le son vif et éclatant des trompettes annonce une commune allégresse et les préparatifs du combat.

Les deux armées, après avoir adressé une courte mais fervente prière, reçurent l'ordre d'avancer. L'aile droite de l'armée de Charles est commandée par un homme de petite taille, gros et court, dont les bras et les jambes sont démesurément longs, dont les petits yeux gris, à fleur de tête, pleins de vivacité et de feu, donnent à sa physionomie quelque chose de désagréable et de repoussant, en un mot, dont tout l'ensemble est commun et vulgaire. Cependant Charles et ses officiers ont pour lui toute espèce d'attentions et d'égards. Sous cette grossière enveloppe bat le cœur le plus noble et le plus brave de l'époque. Cet homme est le fameux breton Bertrand Duguesclin.

Le centre est commandé par le comte d'Auxerre, brave soldat, mais qui ne saurait être comparé à Bertrand. La gauche est commandée par Charles de Blois, aussi brave que bon.

Près de Montfort se trouve un guerrier haut de taille et découplé en

Hercule, qui paraît véritablement le chef; c'est lui qui ordonne la marche et la manière de combattre. Cet homme est sir Chandos, digne émule de Duguesclin.

Chandos oppose à Duguesclin son aile gauche, commandée par Knolles; au comte d'Auxerre, Olivier de Clisson; et Montfort, à Charles de Blois. Chandos, monté sur un magnifique cheval, parcourt tous les rangs; un étendard à la main, il s'approche de Montfort, et le lui tendant: « Prince, dit-il, voilà la bannière que j'ai toujours portée, et toujours, des tournois et des combats, elle est sortie victorieuse; avec la protection de Dieu, il en sera de même aujourd'hui. »

Des deux côtés les troupes se mettent en marche, poussant de vives acclamations auxquelles l'ennemi répond avec un égal enthousiasme.

Duguesclin commence l'action, Knolles résiste bien au premier choc, mais il est bientôt obligé de céder. Le héros breton ne frappe pas un coup qui ne porte, qui ne blesse, qui ne tue; rien ne peut lui résister; semblable à un torrent, il renverse et brise tout cequi s'oppose à son passage. Son armure, brisée en plusieurs endroits, est teinte de sang. Le corps qu'il a attaqué va être entièrement détruit, lorsque Chandos, qui voit ses troupes faiblir, se jette à la rencontre du Français.

— Me voilà, moi Chandos, s'écrie-t-il d'une voix éclatante! — Ah! tant mieux, répond le breton, mon bras était fatigué de ne frapper que des enfants.

Ces deux hommes dont les yeux étincellent, dont les regards sont des éclairs, ces deux hommes se précipitent l'un sur l'autre, tous les deux s'attaquent à la visière; les liens qui attachent le casque de Chandos sont brisés du coup.

A la vue de son ennemi dont la tête est découverte, le vaillant breton détache le sien : « A armes égales, » dit-il, et de nouveau il s'élance sur l'Anglais.

Toujours maître de lui-même, malgré la colère qui l'anime, il dirige ses coups, il les porte toujours au cœur et à la tête ; sa main rapide, impétueuse, trompe l'œil qui la suit, et va percer l'endroit où elle est le moins attendue. L'Anglais, qui s'est senti frappé, rugit comme un lion blessé, frappe et blesse à son tour. Le Breton, le visage en feu, la rage dans les yeux, rugit aussi ; plus rapide que le tigre et le léopard, il fond sur son adversaire qui l'attend, pare ses coups et lui en porte de nouveaux. De leurs cuirasses mille éclats, mille étincelles volent à la fois ; mais ni le choc, ni les coups ne font plier le front des deux superbes rivaux. Leurs chevaux se heurtent et tombent : les deux guerriers les abandonnent, prennent leurs épées, et combattent à pied.

Oh ! ce fut alors un admirable mais horrible spectacle que celui qu'offraient ces hommes, tous deux d'une adresse et d'une valeur égale.

Chacun de la main suit la main de son ennemi, de ses regards cherche ses regards, varie l'attaque et la défense, tourne, s'avance, recule, menace d'un côté et frappe de l'autre.

Tous les deux ont senti plusieurs fois la pointe tranchante de l'épée, leur rage s'en augmente, la raison et l'adresse cèdent à la colère, la fureur entretient leurs forces et les double, leurs épées brillent comme l'éclair et frappent comme la foudre, leurs bras ne portent pas un coup qui ne perce et ne déchire, mais tous les deux sont épuisés par la fatigue et la perte de leur sang.

Les deux corps d'armée arrivent au secours de leurs chefs, mille épées brillent et étincellent, mille guerriers se pressent autour d'eux, et ils finissent par être séparés. Le comte Charles de Blois et le comte d'Auxerre avaient été entièrement défaits. Duguesclin fatigué, languissant, résiste seul à ses ennemis qui de toutes parts le poussent et le pressent. Entièrement cerné, que peut son courage? Il va succomber, lorsque Chandos se présente et lui dit d'une voix pleine d'admiration : « Rendez-vous à moi, Duguesclin, le courage ne peut rien, la fortune vous est contraire. »

Le Breton, forcé de consentir, verse des larmes de rage en rendant son épée : son armure est entièrement brisée, son sang coule de toutes parts, et son bras fatigué ne peut plus frapper.

La bataille était gagnée par Montfort; mais ignorant si son rival existait encore, il ordonna des recherches et voulut voir par lui-même si Charles était au nombre des malheureux qui avaient succombé. Le champ de bataille présentait un horrible aspect, il était jonché de débris d'armes et d'armures, de morts et de mourants; l'eau de la mer était teinte de sang.

On trouva enfin le comte Charles, mais blessé à mort; il avait été frappé en traître par un soldat anglais. Couché sur la poussière, les cheveux souillés de sang, le visage pâle et défiguré, il cherche en vain à prononcer quelques paroles.

Un voile épais s'étend sur ses paupières qui se ferment et se baissent. Une sueur froide se répand sur ses membres immobiles, et la main de la mort les raidit et les glace.

Montfort voit froidement expirer son rival, et dit seulement d'une voix triomphante : « A moi le duché de Bretagne ! »

Champ-des-Martyrs.

Un peu plus loin que le pont de Tré-Auray, on arrive à une place circulaire où aboutissent les chemins d'Auray, de Pluvigner et de Sainte-Anne. Au milieu de la place, et en face d'une longue avenue d'ormeaux et de sapins du nord, s'élève une petite colonne dorique de granit blanc, portant un globe surmonté d'une croix. Au bout de l'avenue, apparaît un temple grec, sur le portique duquel est écrit : *Hìc ceciderunt*, c'est là qu'ils tombèrent.

Cette chapelle et cette inscription rappellent de bien tristes souvenirs.

C'est sur la terrasse du côté de la mer que sont tombés les braves et malheureux soldats qui, d'après un traité avec un général républicain, devaient avoir la vie sauve.

Nous n'accusons pas le général Hoche de déloyauté, nous croyons au contraire qu'il fit tout ce qui était en son pouvoir pour qu'on respectât sa parole; nous ne serions même pas éloignés de croire que les vives remontrances qu'il fit au gouvernement ne lui valurent une espèce de disgrâce et plus tard la mort.

Le 27 juin 1795, la première division du corps d'émigrés commandée par le comte d'Hervilly débarquait en Bretagne. Le général s'empara aussitôt de Carnac, puis du fort Penthièvre, dont la garnison se rangea sous ses drapeaux. Le 5 juillet, il abandonna Carnac pour se retirer dans la presqu'île de Quibéron, où il fut aussitôt bloqué par le général républicain Hoche. Tout en rendant justice au courage du comte d'Hervilly, nous devons dire cependant que sa conduite fut, en cette circonstance, bien extraordinaire. Pourquoi s'est-il opposé au débarquement de la division Sombreuil? Pourquoi n'a-t-il pas attendu que M. de Vauban, à la tête des chouans, prît les républicains par derrière, tandis que lui les attaquerait de front? Ses ennemis ont prétendu que c'était pour avoir, seul, l'honneur de la bataille; lui, avant de mourir, a dit que, s'il avait brusqué l'attaque, ce ne fut que dans l'espoir de surprendre l'ennemi. Nous pensons que c'est là le seul motif qui l'ait fait agir; mais nous croyons devoir l'accuser d'imprudence, il devait attendre le renfort; nous le blâmons aussi de s'être acculé comme il l'a fait.

Il comptait, dit-il, sur la protection de l'escadre; c'est une raison, sans doute, mais cette raison n'est pas valable à nos yeux : nous croyons seulement, qu'entraîné par son courage, il n'a pas réfléchi que, pour combattre, il faut avoir ses coudées franches ou être bien supérieur en nombre. Ce qui devait être arriva, ses troupes furent battues, et lui fut blessé mortellement. D'Hervilly montra le plus grand courage et un sang-froid extraordinaire ; malgré sa blessure, il ne voulut quitter le camp que lorsque le reste de son armée eut effectué sa retraite.

Après la funeste issue de cette expédition, le général Hoche attaqua le fort Penthièvre, et s'en empara, dit-on, par trahison. Sombreuil, débarqué trop tard pour soutenir le fort, fut rejeté au fond de la presqu'île et acculé au rivage. Ne pouvant espérer se faire jour à travers un ennemi bien plus fort que lui, il fut contraint de traiter ou de mourir. Ce fut ce dernier parti que voulut prendre le brave jeune homme; mais à la vue du vénérable évêque de Dol, Monseigneur Hercé, à la vue de ses compagnons d'armes qu'il allait inutilement sacrifier, Sombreuil dut capituler. Hoche consentit à traiter, mais il vit sa parole violée par la Convention : Sombreuil et toute sa troupe furent traînés dans les prisons de Vannes et d'Auray, où Tallien et Blad avaient établi une commission militaire. Chaque jour, par ordre du tribunal, on voyait des malheureux royalistes traînés où s'élève maintenant la chapelle, et tomber là, frappés par la main de leurs frères.

La façade de la chapelle est d'ordre dorique à quatre colonnes; les colonnes sont, chacune, d'un morceau de granit ; la charpente est en fer, et la couverture en plaques de cuivre. L'édifice n'est éclairé que par une grande fenêtre, où est dessinée une croix en vitraux de couleur. L'autel est très-simple, les murs entièrement nus. La chapelle n'offre rien de curieux , et si on y va, ce ne doit être que pour rendre hommage à la cendre de ceux qui sont morts en défendant leur religion et leur roi.

Monument de la Chartreuse.

A une demi-lieue environ du Champ-des-Martyrs, en prenant, à droite, l'avenue de sapins, on arrive à une petite chapelle adossée à celle du couvent. Sur le fronton triangulaire, on lit ces mots latins : « *Gallia mœrens posuit*, la France en pleurs l'a élevée. » Cette inscription indique que cette œuvre est due à une souscription nationale. C'est là qu'a été élevé le tombeau qui renferme les restes des malheureux pris à Quibéron et fusillés au Champ-des-Martyrs.

Cette idée d'élever un monument à

la Chartreuse, est attribuée à M. Deshayes et lui a valu mille félicitations. Nous, nous blâmons cette idée et désapprouvons hautement le gouvernement qui s'y est rendu ; c'est à l'endroit même où la mort avait frappé ces braves, que la tombe devait être élevée. Le champ, conservé dans le même état que lorsqu'il fut baigné de leur sang, rappellerait bien mieux tous les détails de ce drame sanglant; l'œil avide du voyageur se reporterait bien mieux à cette époque, et, fasciné, il croirait voir la terre encore rouge, et sur les buissons, des cheveux ou quelques lambeaux de chair. Nous désapprouvons donc vivement M. Deshayes, car lui, prêtre, devait moins que tout autre présenter un semblable projet ;

il devait se souvenir du *Requiescant in pace*, et empêcher qu'on vînt troubler les mânes de ces héros.

Les murs intérieurs de la chapelle sont recouverts de marbre noir et blanc. La voûte azurée est parsemée d'étoiles, des vitraux peints ornent les croisées. Au milieu de l'édifice se trouve le caveau sur lequel s'élève un stylobate portant le sarcophage. La porte du caveau, percée dans le stylobate, coulée en bronze, peut être regardée comme un chef-d'œuvre.

Aux quatre angles du stylobate sont des génies qui tiennent les palmes hautes et les flambeaux renversés. Les côtés, sur lesquels on lit les noms des neuf cent cinquante-deux victimes, sont encadrés par des guirlandes de cyprès et de lauriers.

Les deux petites faces du sarcophage sont les bustes des principaux officiers. En face de la porte d'entrée sont ceux de Sombreuil et de Soulanges; contre l'église, ceux de d'Hervilly et de Talhouet. Le grand côté à droite représente le débarquement de Quibéron avec l'inscription « *Perierunt fratres mei propter Israel*, Mes frères sont tous morts pour Israël. »

Le côté gauche représente Geril du Papen qui, malgré les instances du commodore Waren, va s'élancer à la mer. Au-dessus on lit : « *In Deo speravi, non timebo*, J'ai espéré en Dieu, je ne craindrai pas. »

Pour les personnes qui ne sauraient pas ce qu'est Geril du Papen, nous dirons seulement que ce brave jeune homme fut chargé, après la capitulation, de se rendre à la frégate anglaise pour faire cesser son feu. L'amiral anglais, ainsi que tous ceux qui se trouvaient à son bord, prévoyant quel sort attendait les malheureux royalistes, réunirent leurs efforts pour l'empêcher de se livrer à ses ennemis; mais Geril du Papen n'écoute que la voix de l'honneur, il a donné sa parole de retourner, cette parole il doit la tenir; il se jette de nouveau à la nage et se livre prisonnier. Le premier relief des timpans représente la religion déposant une couronne sur un tombeau. On lit au-dessous : *Quibéron, le* 21 *juillet* 1795. Le second offre l'évêque de Dol dans un médaillon surmonté d'une croix et soutenu par des anges.

Les deux côtés de l'arcade qui donne sur la nef des étrangers représentent, l'un, le duc d'Angoulême priant pour les victimes ; l'autre, la duchesse déposant la première pierre du tombeau. De l'autre côté de la nef se trouve l'autel dédié à la Vierge.

Le Couvent de la Chartreuse.

Le couvent, maintenant habité par les Sœurs de la Sagesse, qui y ont un pensionnat de demoiselles et une école de sourds-muets, fut d'abord nommé la chapelle de Saint-Michel-du-Champ, puis la Chartreuse ; mais remontons à l'origine. Avant de livrer la bataille d'Auray, Montfort fit vœu, s'il sortait vainqueur de cette lutte, d'élever à Rennes un temple à la sainte Vierge. Il est quelques historiens qui prétendent que ce vœu ne fut fait que dans la joie causée par la victoire ; nous avons, nous, d'excellentes raisons pour croire qu'il a été fait avant. Enfin, quelle que soit l'opinion, vraie ou fausse, Montfort tint sa parole et fonda Notre-Dame-de-Bonne-Nouvelle.

Il voulut aussi donner un souvenir aux braves qui avaient péri pour sa cause ; il fit ensevelir les morts sur la colline où il avait campé et il y éleva une chapelle desservie par douze chapelains. Elle s'appela d'abord la chapelle de Saint-Michel-du-Champ ; mais en 1440, les chapelains ayant été remplacés par douze chartreux de Nantes, elle prit, à cette occasion, le nom de Chartreuse.

La chapelle actuelle a été bâtie sous le règne de Louis XV, à l'endroit même où était l'ancienne, qui tombait en ruines.

Notre-Dame-de-Bethléem.

A deux lieues et demie de Sainte-Anne, sur la route qui conduit à Vannes, on trouve une grande chapelle assez bien construite. Cette chapelle, consacrée à la Vierge, a été, à ce qu'on croit, fondée du temps des croisades. On ignore aussi pour quel bienfait un gentilhomme breton, le chevalier du Garo, dont le château était à peu de distance, l'a élevée et dédiée à Marie.

C'était, dit-on encore, un pélerinage très-fréquenté avant la révolution; maintenant bien peu de personnes s'y arrêtent. Pourquoi y a-t-on établi un pélerinage? pourquoi a-t-on cessé ensuite d'y aller rendre hommage à la Mère de Dieu? Voilà ce qu'on ignore.

Nous allons donc répéter seulement ce qui se conte dans le pays; ce récit, sans aucun doute fabuleux, doit cependant indiquer un miracle bien étonnant. A l'époque des dernières croisades, le chevalier du Garo voulut prendre part à la guerre sainte. Suivi de son écuyer, il partit pour la Palestine. Après la perte d'une bataille livrée à Bethléem, le chevalier fut fait prisonnier avec son servant d'armes : tous les deux furent d'abord renfermés dans une étroite prison; mais ayant été condamnés au pal, ils furent mis, selon l'usage de cette époque, dans une cage à barreaux, (on dit ici une cage à poulets.)

La confiance du brave chevalier en la sainte Vierge ne se démentit jamais. Son écuyer, moins fort que lui, tremblait et pleurait à la pensée des horribles tortures qui les attendaient le lendemain.

Le malheureux ne cessait de prier et de faire des vœux. Le chevalier fit alors vœu d'élever un temple à la sainte Vierge, si jamais il rentrait dans sa patrie.

Avec les heures, l'effroi redoublait. Enfin l'aurore commença à poindre, et les deux condamnés aperçurent, à travers leurs barreaux, une verte campagne, des champs couverts de landes, des bois de sapins, et ces champs et ces bois leur semblèrent être ceux qui entouraient le château du Garo. Les deux captifs, dont le cœur bat de joie à la vue de ces lieux chéris, prennent ce qu'ils voient pour un rêve, et retombent dans une tristesse plus profonde. La voix éclatante d'un coq se fait entendre : « Oh! ce n'est pas un rêve, s'écria alors l'écuyer ; les campagnes, je les reconnais, et le coq qui a chanté, c'est le coq du Garo. »

L'écuyer ne s'était pas trompé, leur voyage était fini, ils se trouvaient à l'endroit où fut élevée la chapelle. Des personnes qui se rendaient au marché de Vannes ouvrirent la cage, et le chevalier se trouva au milieu de ses vassaux, ivres de bonheur et de joie.

FIN.

TABLE.

FIN DE LA TABLE.

Vannes. Imp. de N. de Lamarzelle.

BIBLIOTHEQUE NATIONALE DE FRANCE
3 7531 04325985 3

www.ingramcontent.com/pod-product-compliance
Ingram Content Group UK Ltd.
Pitfield, Milton Keynes, MK11 3LW, UK
UKHW020333230726
13925UKWH00002B/780

9 782014 444995